L'EMPEREUR

A

L'INSTITUT

PARIS

ACHILLE FAURE, LIBRAIRE-ÉDITEUR

23, BOULEVARD SAINT-MARTIN, 23

—

1865

L'EMPEREUR A L'INSTITUT

I

Le public a pu lire, dans divers numéros de l'*Indépendance belge*, notamment celui du 10 février, les lignes suivantes :

Il paraît certain, plus que jamais, en présence de la publication prochaine de la *Vie de César*, dit l'*Indépendance belge*, qu'un certain nombre de membres de l'Académie française se proposent d'offrir une candidature à l'empereur Napoléon. Cette idée n'est pas unanimement adoptée au sein de l'Académie ; cependant, si on était sûr de l'acceptation de l'empereur, il est probable qu'elle prévaudrait...

On parle beaucoup, dans un certain monde, de l'attitude que prendra l'Académie en face de l'événement littéraire qui est sur le point de se produire. Dans l'entourage de l'empereur, on se flatte que l'Académie française s'empressera d'inviter Napoléon III à venir occuper un de ses fauteuils. Lors de la mort de M. Pasquier, on avait attribué au chef de l'État le désir de succéder à l'ancien chancelier au sein de l'Académie française. Il paraît que l'empereur aurait trouvé plaisir à faire un discours sur cet homme d'État qui, ayant vécu sous les derniers régimes, lui aurait fourni une occasion très-agréable de faire un cours d'histoire contemporaine. La tentation a pu exister, et pour mon compte, je regrette qu'on n'y ait point succombé, car cela nous a privés d'un morceau de littérature qui aurait eu son prix. A l'époque dont je vous parle, on avait discuté certains détails auxquels le nouveau titre que l'empereur pourrait acquérir donne de l'intérêt. Ainsi on avait fait observer que l'empereur ne pouvait point, dans sa position, aller solliciter les voix des académiciens, et il fut proposé de charger le ministre d'État d'aller faire les visites d'usage, au nom de l'empereur. Comme il aurait été également contraire aux convenances que l'empereur se fît recevoir en séance publique, on projetait cet expédient de faire inviter les Quarante aux Tuileries, où l'empereur aurait lu, devant cette illustre assemblée et devant quelques invités privilégiés, son discours de réception, et aurait entendu la réplique de l'académicien parrain ; mais tous ces projets n'ont pas franchi les limites de conversations confidentielles entre quelques personnes de l'entourage de l'empereur et quelques académiciens, et je n'oserais point affirmer que Sa Majesté en ait eu connaissance. Toujours est-il que l'empereur n'a point encore songé à poser sa candidature ni exprimé le désir qu'on la proposât pour lui.

Maintenant il est question d'une démarche qui serait bien plus flatteuse pour l'empereur : l'Académie prendrait l'initiative en suppliant Sa Majesté de permettre que son nom soit inscrit parmi les quarante immortels. Napoléon III compte assez d'admirateurs au sein de cette assemblée pour que cette proposition puisse être mise en avant ; mais une autre question est de savoir si elle sera acceptée et si, dans le cas où elle le serait, l'empereur consentirait à agréer un pareil hommage.

Cette persistance sans contradiction à enregistrer les bruits que nous venons de reproduire suffirait à établir qu'ils répondent à un certain mouvement de l'opinion, et que cette opinion, comme il est naturel dans un gouvernement fortement concentré, qui s'est réservé toutes les initiatives, s'agite surtout dans ces régions supérieures d'où descend aujourd'hui exclusivement la lumière.

Il y a donc, dans ces rumeurs encore indistinctes dont l'*Indépendance belge* s'est fait impunément l'écho, quelque chose de fondé, et en ramassant, pour l'examiner plus à notre aise, au risque de le crever, le ballon lancé à travers la frontière par le journal spécial des *ballons d'essai*, nous échappons du moins au soupçon de l'avoir confectionné.

L'unique reproche qui puisse nous être fait est, tout au plus, celui d'indiscrétion. De quelque part qu'il vienne, nous l'acceptons avec la résignation philosophique qui doit être la première qualité de quiconque se fait le serviteur indépendant du public et aspire à diriger l'opinion plutôt qu'à la suivre. D'ailleurs, on en conviendra, la divulgation d'un secret mis en circulation à dix mille exemplaires, et confié à quiconque s'assoit devant une table de café ou de cabinet de lecture, ne saurait être un crime sans circonstances atténuantes.

Nous ne pousserons donc pas plus loin cet exorde justificatif. Il est un autre reproche auquel nous ne serions pas plus sensible, mais qu'il ne nous semble pas inutile de prévenir. Nous croyons donc devoir faire précéder l'appréciation que nous allons faire de l'idée et du fait résumés dans notre titre : *L'Empereur à l'Institut*, par une déclaration formelle d'indépendance absolue.

Nous repoussons d'avance toute insinuation qui ferait de nous l'écho d'une inspiration ou l'instrument d'une influence. Nous ne sommes pas de ceux qui emboîtent servilement les pas officiels et allument complaisamment leur lanterne au feu de l'autorité. Notre modeste théâtre n'a pas le moindre souffleur ni la moindre claque. Nous y montons sans souci de l'applaudissement ou du sifflet, et tout prêt à passer par les épreuves qui punissent en France le courage d'avoir raison.

Il nous a paru original de dire, parce que nous le pensons, ce que beaucoup de gens pensent sans oser le dire, et de chercher à convaincre notre lecteur sans le flatter. Ce n'est pas notre faute si nous écrivons dans un pays où l'opposition a toujours été de mode, et où il a toujours été plus habile d'être malin que d'être juste. Nous acceptons même avec bonheur une situation qui nous exonère du reproche d'adulation. Car il y a plus de courage à trouver bon que l'Empereur entre à l'Institut qu'à le trouver mauvais ; pour nous qui soutenons hardiment la première proposition, nous voulons essayer de poser les antécédents historiques de la question, et notre travail n'est pas autre chose que le recueil et l'examen des témoignages que nous fournissent sur ce point, la tradition académique et la tradition napoléonienne.

II

Disons donc tout d'abord, pour éviter ce reproche dédaigneux de paradoxe avec lequel en France on a pour habitude d'éteindre les questions, que la tradition académique et la tradition napoléonienne sont également fécondes en exemples caractéristiques et décisifs de cette hospitalité que l'Académie ne serait pas fâchée de faire passer pour une intrusion. L'Académie est une vieille fille pleine de ces pudeurs qui aiment à être violées. Il n'en est pas moins vrai que c'est par le fait d'une élection volontaire, spontanée, et qui alla jusqu'à la dispense de toute candidature, que trois membres de la famille Bonaparte virent leurs noms inscrits sur les listes de l'Institut. En 1803, ce livre d'or de l'intelligence, accessible alors à toutes les gloires, s'enorgueillissait de la réunion de trois hommes que le pouvoir n'avait pas rendus indignes des honneurs de l'esprit. Lucien Bonaparte s'asseyait sur le fauteuil de l'Académie française timidement restaurée sous le nom de *Classe de littérature,* à côté de Suard, Morellet, Target, Boufflers, Ducis, Delille, d'Aguesseau, Saint-Lambert, la Harpe, Andrieux, Chénier, le Brun, Colin d'Harleville, Legouvé, Arnault, Bernardin de Saint-Pierre, Volney, Cabanis, Sieyès, Rœderer, Ségur, Portalis, etc. Et ces voisins incontestablement illustres n'en rougissaient pas plus que les membres de la *Classe de littérature et d'histoire ancienne* ne se croyaient déshonorés par la présence de Joseph Bonaparte, élu le 25 germinal an XI.

Pour le Premier Consul, pour le chef de cette famille de glorieux parvenus, auxquels chaque victoire nouvelle donnait un ancêtre, l'histoire de son élection mérite, par la personne et les détails, de nous arrêter un instant.

L'Institut national, dernière œuvre de la Convention, en faveur de laquelle (et elle y comptait bien) il lui sera pardonné quelque chose des autres, ne comptait pas encore deux années d'existence, lorsque le Directoire, arrivé à ce moment d'erreur suprême, précurseur de la chute, où l'on prend la violence pour la force, lui arracha cinq de ses membres, victimes du coup d'État de fructidor. La loi de déportation du 19 (5 septembre 1797) chassait de cet asile des lettres, que les vicissitudes politiques devraient laisser inviolable, le directeur Carnot, membre de la *Classe des sciences mathématiques*; Pastoret, du Conseil des Cinq-Cents et de la *Classe des sciences morales*; le directeur Barthélemy, proscrit au même titre, et enfin, dans la *Classe de littérature*, Sicard et Fontanes.

Bonaparte n'était alors signalé à l'attention et à l'admiration publiques que par l'épique campagne d'Italie. Mais, avouons-le, c'était là un assez bon ouvrage. L'éloquence des faits n'est pas inférieure à celle des idées. Les services rendus à la patrie ne le cèdent pas à ceux qui profitent seulement à la langue. *Arcole* vaut bien la traduction du *Paradis perdu* de M. de Pongerville, et *Marengo* n'est pas indigne de la *Franciade* de M. Viennet. Du reste, toutes les convenances, même les plus scrupuleuses, furent respectées dans le choix de Bonaparte, comblant à l'Institut le vide qu'y avait laissé Carnot. Il remplaçait le talent par le génie et l'organisation de la victoire par la victoire elle-même. Bonaparte s'assit donc à l'Institut, au milieu de l'enthousiasme de ses collègues, sur un des siéges modestes réservés à la *Mécanique.*

Oui, à la mécanique, ce qui faisait dire à deux mauvais vers du temps :

Pour votre mécanicien,
Prenez celui de la Victoire.

Cette élection de Bonaparte à l'Institut flattait en lui une ambition qu'il n'avait pas tenue secrète. Car cet homme auquel ne manqua aucune supériorité n'était insensible à aucune gloire. Et celle des lettres et des sciences ne le tentait pas moins que celle des armes. Il comptait sur ces studieux loisirs, sur ces nouveaux et pacifiques lauriers, pour occuper et ennoblir la retraite que n'attendent pas longtemps, sous les gouvernements d'égalité, les hommes qui ont osé sauver leur pays. Des généraux lui demandant, dit-on, en Italie, ce qu'il pourrait faire, la guerre finie, pour nourrir sa dévorante activité, il avait répondu : « Je m'enfoncerai dans une retraite, et j'y travaillerai à mériter l'honneur d'être de l'Institut. »

Noble ambition, trop modeste pour être tout à fait sincère, mais que l'Institut reconnaissant fit bien d'honorer, comme un hommage rendu aux récompenses de l'esprit par un homme qui avait mérité toutes les autres.

L'élection de Bonaparte se fit le 5 nivôse an VI (26 décembre 1797). Le lendemain, il adressa au Président de l'Institut (Camus, membre de la *Classe de Littérature*) une lettre de remercîments, des plus honorables pour ses collègues, et qui redoubla parmi eux sa popularité. « Les vraies conquêtes, y disait-il, les « seules qui ne donnent aucun regret, sont celles que l'on fait sur « l'ignorance... L'occupation la plus honorable, comme la plus

« utile pour les nations, c'est de contribuer à l'extension des idées
« humaines. »

Dix jours après l'élection, le 5 janvier 1798 (15 nivôse), il
parut pour la première fois dans l'illustre assemblée, et prit pos-
session de son fauteuil, au milieu d'une foule impatiente et en-
thousiaste. Le jeune général entra sans suite et sans appareil,
vêtu d'un simple frac gris, et prit place entre Lagrange et Laplace.
Dans la plupart des lectures qui occupèrent la séance, une sincère
admiration (Bonaparte n'en inspirait encore que de ce genre)
avait mis quelque louange directe ou indirecte à l'adresse du nouvel élu. Ces louanges ne durent pas lui être également agréables,
et il ne put s'empêcher sans doute de froncer le sourcil à la peu
prévoyante définition de Garat, appelant son récent collègue « un
« philosophe qui avait paru un moment à la tête des armées. »
Garat était doué d'une de ces rudes bienveillances qu'on peut appeler pavées de bonnes intentions, et sa perspicacité a toujours
retardé de vingt-quatre heures.

Les honneurs de la séance furent pour Chénier,

Qui depuis... Mais alors il n'était pas tribun.

Lorsqu'il arriva à ces vers de son *Vieillard d'Ancenis*, poëme
sur la mort du général Hoche, tout enflammé d'un souffle patrio-
tique et guerrier, où il menaçait l'Angleterre de la punition de ses
perfidies :

> Quels rochers, quels remparts deviendront leur asile,
> Quand Neptune irrité lancera dans leur île
> D'Arcole et de Lodi les terribles soldats,
> Tous ces jeunes héros, vieux dans l'art des combats,
> La grande nation à vaincre accoutumée,
> Et le grand général, guidant la grande armée ?

l'auditoire tout entier éclata en acclamations qui saluaient à la fois le héros et le poëte. La spontanéité, l'unanimité de ces hommages, qui touchèrent profondément, sous son enveloppe d'impassibilité, le cœur de Bonaparte, furent rehaussées encore par la contenance simple et modeste avec laquelle il affectait de ne les recevoir que pour les reporter sur ses collègues.

Il eut le bon goût de demeurer fidèle à cette flatteuse affectation.

Le chef de cette expédition d'Egypte, qui ajoute le merveilleux des événements au merveilleux du cadre, et qui est dans son genre un poëme si bien fait qu'on n'a jamais pu l'écrire, ne manquait pas de faire précéder ses ordres du jour et ses rapports au Directoire par cette formule dont la délicatesse n'honore pas moins celui qui l'a conçue que le corps auquel elle s'adresse :

« *Bonaparte, membre de l'Institut national, général en chef.* »

Ce ne fut pas son seul hommage à des suffrages qu'il préférait à tous les autres. Un Institut d'Egypte, établi au Caire, fixa ses graves délibérations au milieu de ce pays conquis à la fois à la science et à la France. Bonaparte, qui le présidait, ne manqua pas de resserrer, par l'envoi de ses travaux, les liens qui unissaient cette colonie littéraire à sa métropole. Et dès son retour, le 5 brumaire (27 octobre), il communiquait à l'Institut, dans une séance générale, des détails sur l'Egypte et lui apportait la primeur de sa nouvelle gloire et de son nouveau prestige.

Le 18 brumaire, le Consulat et l'Empire amenèrent, dans les rapports de Bonaparte devenu Napoléon, et du général devenu Empereur, avec ses anciens collègues, des modifications qu'on a un peu dénaturées, et où il importe de faire, pour être juste, la part du temps autant que celle de l'homme. Ces rapports, durant cette période orageuse, se résument dans un intérêt légèrement dédaigneux et une protection quelque peu despotique. Mais il faut tenir compte des levains réactionnaires ou révolutionnaires qui aigrissaient alors l'Institut ou plutôt l'Académie française, où la

politique a toujours aimé à se cacher sous la philosophie, et dont les fleurs de rhétorique, cultivées par des médiocrités boudeuses, n'étaient pas déjà aussi uniformément exemptes d'épines que de parfum.

Nous nous réservons d'examiner sommairement les griefs des deux parties à l'article des objections faites à la candidature involontaire mais réelle que l'homme assez savant et assez éloquent pour avoir écrit la *Vie de César* s'est faite par ses ouvrages; candidature compromise, aux yeux des pessimistes, par son nom, sa qualité d'empereur et même par son talent.

Qu'il nous suffise, pour résumer la conquête sur l'ignorance ou la mauvaise foi, de cet exposé sans réplique, qu'un Bonaparte et un Empereur à l'Institut ne sont point un fait si nouveau, si paradoxal qu'il le semble, puisqu'en 1803 trois Bonaparte faisaient partie de ses membres, et que celui qui s'appela Napoléon Ier laissa son nom sur les listes, se contentant, comme un acteur de réputation, d'une simple vedette sur l'affiche, et ne perdit le fauteuil qu'en même temps que le trône (1).

III

Aujourd'hui le temps a marché, le progrès des institutions et surtout celui des idées ont pacifié et fécondé des sphères qui, en 1803, étaient encore brûlantes des feux révolutionnaires, et qu'il fallait à la fois conquérir et cultiver. Les gloires de l'industrie, de

---

(1) Sur ces listes, Joseph, devenu roi de Naples, figure simplement à son rang et avec son titre.

l'agriculture et même de l'arithmétique ont leur statue dans cette multitude de marbre que l'éclectisme de l'admiration nationale dresse sur la moindre de nos places publiques.

Parmentier, Richard Lenoir, Lhomond, Bezout coudoient, dans cette foule piédestalisée, les grands ministres et les grands maréchaux. Le temple de la guerre se ferme peu à peu ; l'émeute a pour longtemps, nous l'espérons, fait relâche, et nous ne reverrons pas de sitôt ces sanglantes représentations de la rue. Le bien-être universel amène peu à peu une modération universelle, et nos vices nous rendent plus sages que nos vertus. Le moment est donc peut-être venu où une question littéraire peut se produire sur le théâtre tranquille des préoccupations publiques. Le moment est venu où l'on peut se demander, sans indiscrétion ni sans puérilité, si la palme de l'Institut ne siérait pas à cette tête impériale, laurée par la Victoire, qui est devenue l'emblême de notre force et de notre prospérité. Le moment est venu de savoir si l'auteur de la *Vie de César*, qui se repose de la noble fatigue de faire l'histoire en l'écrivant, n'a pas donné, par la préférence accordée à ces loisirs studieux, un exemple que les Pères conscrits de la littérature, que les sénateurs de la plume ont le droit et le devoir d'honorer.

Examinons donc les titres littéraires de l'Empereur des Français à une distinction littéraire. Examinons aussi les inconvénients qu'il pourrait y avoir à les reconnaître et à les consacrer. Considérons si le métier de souverain est exclusif de celui d'auteur, et si le pouvoir est incompatible avec le talent. Enfin demandons-nous si (trône à part) Napoléon III est un indigne confrère de M. Dufaure (toque à part) ; si l'ombre d'Alfred de Vigny ou celle de M. Ampère peuvent se contenter des éloges de l'émule de Frédéric, et si l'héritier de celui qui a renouvelé le monde doit céder le pas à M. Autran ou à M. Doucet.

IV

On n'attend pas ici un article de critique sur les *OEuvres de Napoléon III*, que tout le monde a dans sa bibliothèque : ceux-ci parce que cela fait honneur, ceux-là parce que cela fait plaisir, quelques-uns parce que cela fait bien. Il y a dans ce fait d'un homme de lettres couronné, venant au-devant du plus humble lecteur, sollicitant comme un autre son appréciation, soumis comme un autre à l'affront de n'être pas même coupé, quelque chose qui flatte tout le monde. Tout le monde a donc dans sa bibliothèque les *OEuvres de Napoléon III*, et ses admirateurs vont y puiser des inspirations, et ses ennemis des contradictions qu'ils n'y trouvent guère, il en faut convenir. Car ce qui manque à Napoléon pour être tout à fait un homme de lettres, c'est qu'il ne se contredit pas. L'*Université de Ham*, comme il a spirituellement appelé sa prison, est une école de réflexion et d'expérience, où l'illusion et la vanité n'ont pas de chaire, et où il a appris à n'aimer que le certain et à n'estimer que le durable.

Mais, puisque nous parlons de titres et de prison, qu'il nous soit permis de raconter une anecdote républicaine, mais comique.

C'était aux beaux jours de 1848, regrettés surtout des caricaturistes. Il sortait de dessous les pavés une foule de prétendants à toutes les places, même à celles de la préfecture de police. Dans une salle de ce dernier établissement, Sobrier, d'assez mauvaise humeur, passait la revue des postulants aux sinécures dont il disposait, et, s'arrêtant devant chaque candidat, procédait, au moyen d'un interrogatoire sommaire, à une sorte de premier choix. Cha-

cun, à ses questions, répondait par l'énumération de ses droits
aux faveurs du gouvernement populaire, des souffrances endurées
pour la cause, des services rendus aux organisateurs d'insurrection, etc. Naturellement, chacun enflait sa liste et faisait le plus
possible sonner ses fers. Un de ces pauvres diables se hasarda
tout seul à dire la vérité.

— Quels sont tes titres? lui demanda brusquement Sobrier arrêté devant lui.

— Trois ans de prison.

— Heu! fit Sobrier avec une dédaigneuse pirouette, qui est-ce
qui n'a pas trois ans de prison?

Eh bien! l'Empereur des Français, si la captivité comptait
comme titre dans les questions qui nous occupent, aurait un beau
chiffre à présenter de ces années de salutaire et féconde amer-
tume. Napoléon III a été prisonnier au château de Ham du 10 octobre 1840 au 25 mai 1846. Six ans de prison, et il n'en est pas
plus fier pour cela. Au contraire, il a avoué publiquement, avec
une exemplaire modestie, qu'il les avait un peu mérités.

En juillet 1849, le Président de la République visita à Ham la
forteresse où il serait peut-être encore, s'il avait attendu la per-
mission d'en sortir, que n'eussent donnée ni le gouvernement de
Louis-Philippe ni l'Assemblée dissoute au 2 décembre. — Et
répondant au toast du maire :

« Je ne saurais, lui disait-il, me glorifier d'une captivité qui avait
« pour cause l'attaque contre un gouvernement régulier. Quand on
« a vu combien les révolutions les plus justes entraînent de maux
« après elles, on comprend à peine l'audace d'avoir voulu assumer
« sur soi la terrible responsabilité d'un changement. Je ne me plains
« donc pas d'avoir expié ici, par un emprisonnement de six années,
« une témérité contre les lois de ma patrie, et c'est avec bonheur

« que, dans ces lieux mêmes où j'ai souffert, je vous propose un
« toast en l'honneur des hommes qui sont déterminés, malgré leurs
« convictions, à respecter les institutions de leur pays. »

Il était impossible d'accepter avec plus de modestie et de dignité la leçon de ces lieux expiatoires, et de retourner avec plus d'esprit et de délicatesse cette leçon contre ceux qui seraient tentés de l'imiter. C'était briser enfin entre les mains des insurrections futures cette arme épigrammatique du mauvais exemple de Strasbourg et de Boulogne. Ce mauvais exemple, l'empereur en a fait amende honorable, et il a doublement honoré le châtiment, non-seulement en s'inclinant devant lui, mais en en profitant.

Les *OEuvres de Napoléon III*, recueil des pensées de l'exil ou de la prison, sont, avec la *Vie de César*, recueil des pensées du trône, un des plus vastes et des plus étonnants édifices d'idée qui existent. La forme y est littérairement remarquable, et bien plus riche et plus variée qu'on ne le croirait d'un écrivain versé dans l'histoire et la science de l'artillerie, et dont la pensée a de bonne heure, en quelque sorte, préféré la sûreté à l'élégance du tir. Il y a en effet, dans cette éloquence pour ainsi dire mathématique, beaucoup de cette force que la compression donne au boulet; et quand elle se hasarde à peindre, c'est par une image courte, claire, caractéristique, pareille à la flamme rapide de la bombe qui éclate en l'air. Mais que ceux qui seraient tentés de borner leur appréciation aux discours officiels que toute l'Europe écoute, que toute l'Europe commente, dont la clarté se voile d'obscurités nécessaires, et où la simplicité cache parfois trop la grandeur, que ceux-là relisent les œuvres intimes de la jeunesse et de la prison. Ils y trouveront, non sans étonnement, avec des marques déjà frappantes de cette sourde énergie, de cette volonté impassible et indomptable qui faisaient appeler par la reine Hortense son fils « le doux entêté, » une fleur d'imagination, un charme de tendresse et de mélancolie qui décèlent un tempérament littéraire et romantique, où tour à tour la vivacité française se voile des brumes ossianesques ou s'éclaire d'un pâle rayon de la lune allemande.

Nous ne savons pas si Napoléon III a fait des vers. Napoléon Ier en a bien fait, et même, comme rien n'était impossible à ce grand homme, il les a faits mauvais. Mais il y a eu, j'en suis sûr, dans l'esprit et dans le cœur de l'homme qui, après l'échauffourée de Strasbourg, embarqué pour l'Amérique, employait les sept semaines de la traversée de *l'Andromède* (1836) à relire et à extraire J.-J. Rousseau et Chateaubriand ; il y a eu dans l'homme qui, en octobre 1840, employait, dans son cachot du Luxembourg, son temps à traduire l'*Idéal* de Schiller, durant ce terrible intervalle qui s'écoula entre la plaidoirie de son défenseur, Me Berryer, et le prononcé d'un arrêt qui pouvait être mortel ; il y a eu dans cet homme, dis-je, comme dans le mieux doué de nos poëtes, une source d'inspiration et d'émotion, d'enthousiasme et d'amour, qui murmure et filtre encore, de temps en temps, à travers les absorbantes aridités de l'âge, de la vie et du pouvoir.

Nous ne voulons parler que de littérature, et ce n'est pas notre faute si, dans les *OEuvres de Napoléon III*, la politique envahit si vite et domine la littérature. Mais, même parmi ces pages où une pensée puissante dépose les semences de l'avenir, même dans cette revue rapide, et d'un coup d'œil tout napoléonien, tout aquilin, des questions les plus brûlantes de ces temps agités, parmi ces reproches judicieux et ces conseils prophétiques du prétendant prisonnier qui, avec la lucidité de la solitude et du malheur, prédit aux pilotes assoupis de Louis-Philippe les tempêtes prochaines ; même parmi ces pages, il en est où la double beauté de la pensée et de la forme qui l'enveloppe produisent une impression d'admiration véritable. Il en est aussi où le souffle d'une sorte de lyrique exaltation soulevant les rigidités du style nécessaire, nous avons la surprise imprévue de tout ce charmant superflu des genres poétiques, le désordre, le mouvement, la vie, le visage éclatant de la Muse, enfin, passant comme à travers un cortége, entre deux phrases nombreuses et harmonieuses comme le vers. Voulez-vous un exemple de cet éclair d'imagination et de poésie sortant du choc de deux nuées de prose? Lisez cette espèce de prosopopée (*Aux mânes de l'Empereur*) écrite par le captif de Ham à l'occasion de la translation des restes du captif de Sainte-Hélène (15 décembre 1840). Elle commence par ces mots :

« Vous revenez, Sire, dans votre capitale, et le peuple en foule
« salue votre retour; mais moi, au fond de mon cachot, je ne
« puis apercevoir qu'un rayon du soleil qui éclaire vos funé-
« railles (1)... »

Allez jusqu'au bout, et vous trouverez cette espèce de poëme en prose plus pathétique et plus émouvant que le poëme en vers de Barthélemy sur le même sujet.

Voici maintenant quelques-unes de ces phrases célèbres, de ce style en quelque sorte lapidaire où la force de la précision et l'attrait de la simplicité enchantent l'esprit sans rien demander à l'imagination. Voici quelques-unes de ces phrases, frappées à l'effigie napoléonienne, dont une circulation universelle n'a pas altéré le coin, et qui sont devenues comme la monnaie d'or de la philosophie politique nouvelle :

« Marchez à la tête des idées de votre siècle, ces idées vous

(1) *OEuvres de Napoléon III*, 1854, t. Ier, p. 435.

« suivent et vous soutiennent ; marchez à leur suite , elles vous
« entraînent ; marchez contre elles, elles vous renversent (1). »

Dans un article intitulé *la Traite des Nègres* (4 février 1843),
l'auteur trace de certains philanthropes ce joli portrait toujours
ressemblant :

« Leur ardeur s'accroît toujours en raison du carré des dis-
« tances où se trouvent les objets de leur sympathie. Ils sont in-
« sensibles à la misère du prolétaire français, au dénûment de
« l'ouvrier qui habite le même toit qu'eux ; mais aussitôt qu'à
« nos antipodes quelques iniquités se commettent, oh ! alors
« leurs passions s'exaltent ; l'humanité qui souffre au bout du
« monde leur paraît bien plus digne de pitié que celle qui languit
« dans leur propre patrie (2). »

Signalons encore en courant, comme les morceaux où la sévère
élégance de l'expression s'allie le plus heureusement à l'énergique
netteté de la pensée, *l'Opposition,* grand article de circonstance
(1ᵉʳ avril 1843), où l'entraînement de la conviction touche à l'éloquence ; le fragment intitulé : *A quoi tiennent les destinées des
Empires* (avril 1843) ; la *Lettre à M. Chapuys-Montlaville* sur
le 18 brumaire (23 août 1843), et citons encore quelques passages :
« Une insurrection contre un pouvoir établi peut être une néces-
« sité, jamais un exemple qu'on puisse convertir en principe. Le
« 18 brumaire fut une violation flagrante de la Constitution de
« l'an III. Mais il faut convenir aussi que cette Constitution avait
« déjà été trois fois audacieusement enfreinte... D'ailleurs la

(1) *Fragments historiques,* 1688 et 1830 (10 mai 1841), *OEuvres,* t. Iᵉʳ,
p. 342.
(2) *OEuvres,* t. Iᵉʳ, p. 461.

« question importante à résoudre est de savoir si le 18 brumaire
« sauva la république, et, pour éclaircir ce fait, il suffit de consta-
« ter quel était l'état du pays avant cet événement. » Suit un tableau magistral de la France à cette époque, digne de nos meilleures
plumes d'historien (1).

Enfin, donnons cet extrait de l'article intitulé : *Des Gouvernements et de leurs soutiens* (4 octobre 1843) :

« Échafauder n'est point bâtir ; faire appel aux passions vul-
« gaires de la foule n'est pas gouverner. On ne fonde solidement
« que sur le roc. Or, bâtir sur le roc aujourd'hui, c'est asseoir
« le gouvernement sur une organisation démocratique (1). »

Nous n'irons pas plus loin. Nous nous bornerons, pour attester
une fois de plus notre impartialité, à constater que ces critiques,
ces reproches, ces conseils menaçants furent, en vertu d'une tolérance qui mérite un éloge, librement et impunément publiés par
un prétendant prisonnier, le plus souvent dans le *Progrès du
Pas-de-Calais*, sous un gouvernement qui, mis deux fois, par la
tentative de Strasbourg et celle de Boulogne, à l'épreuve de la
sévérité, répondit par des peines purement préservatrices et assez
modérées pour ressembler à de la clémence. Nous faisons, dans ces
OEuvres de Napoléon militant et souffrant, la part de la jeunesse,
de l'illusion, de la douleur. Qu'il nous soit permis de dire qu'il
n'est point, parmi ces morceaux de philosophie politique, et même
de polémique, une seule page qui sorte de cette ligne de modération précoce dont les apaisements progressifs de l'expérience ont
fait aujourd'hui à l'écrivain, devenu auguste, une habitude, un

(1) *OEuvres*, t. I⁰ʳ, p. 357, 364-365.
(2) *OEuvres*, t. II, p. 57 et 58.

besoin et comme un second génie. La *Vie de César* est le chef-d'œuvre de cette netteté de coup d'œil, de cette loyauté de critique et de cette impartialité de jugement que donne l'étude de l'histoire vue des hauteurs du pouvoir, à travers les enseignements de quinze ans de règne. L'auteur y débute par une profession de foi formulée dans cette langue axiomatique qui lui est familière.

« La vérité historique ne devrait pas être moins sacrée que la religion. »

Et on peut dire que, dans ce premier volume, il est demeuré fidèle à ces principes. La partie d'examen et de discussion préparatoires est, sauf peut-être quelques vues trop personnelles, de ce bon sens éloquent par la simplicité, qui a fourni à Montesquieu la langue de son admirable *Essai* sur la grandeur et la décadence des Romains. Comme style, l'influence de ce maître semble s'y combiner avec celle du Chateaubriand des *Études historiques*. Mais l'écrivain demeure original, surtout dans la dernière partie du livre, plus particulièrement biographique, dont le récit a la grande qualité du genre, l'action. Certes, c'est un noble exemple que celui de cet hommage rendu à ce travail littéraire, que Plutarque appelait avec raison « un travail royal, » et rien ne manque à la supériorité de cette consciencieuse étude du fondateur du monde romain impérial, sur l'étude frivolement hardie que Frédéric afficha sous le titre de *l'Anti-Machiavel*. Frédéric n'était pas et ne pouvait pas être sincère dans cet ouvrage inspiré par un pur caprice d'esprit, qui précédait pour lui l'expérience du gouvernement. L'œuvre impériale est à la fois un acte de maturité et de loyauté. L'auteur recherche moins des justifications pour ses actes que des raisons pour ses principes. Il est à la fois convaincu et désintéressé. Il ne demande pas des louanges (qui mieux que lui doit en savoir la valeur?), mais des avis; et une objection imprévue et fondée le flatterait plus que tous les petits vers d'un Voltaire. Voilà le plaisir, nous n'en doutons pas, que lui donnera la critique française.

Quelle que soit son appréciation, nous ne pensons pas qu'elle se croie obligée, pour échapper au soupçon de partialité, de recourir à l'injustice ou à l'indifférence, et qu'elle désapprouve ce vœu d'un humble lecteur, que la France lettrée n'hésiterait pas à répéter, si elle était consultée, par un million de suffrages.

V

Passons enfin au chapitre des inconvénients et des objections; car c'est là surtout que se réfugient ceux qui n'osent pas nier les titres de l'Empereur à la palme académique, et qui accordent même qu'entrant à l'Institut, il serait de ceux de ses trop rares membres auxquels une incontestable valeur permet d'être modestes.

Disons d'abord un mot des deux illustres morts que, pour ne pas faire de jaloux parmi les vivants, nous donnerions pour parrains à l'auguste candidature.

Il est un homme, tombé trop tôt, pour l'honneur de la pensée démocratique, sur le terrain d'un duel loyal, qui, en parlant de ces premiers ouvrages où Louis-Napoléon n'avait encore pu se révéler qu'à demi, écrivait en 1836, dans *le National* :

« Les ouvrages de Louis-Napoléon annoncent une bonne tête et « un noble caractère; il y a de profonds aperçus qui dénotent de « sérieuses études et une grande intelligence des temps nouveaux. »

Cet homme était Armand Carrel.

Il en est un autre plus grand et plus célèbre, dernière gloire qui a jeté un suprême éclat sur une opinion qui n'est plus qu'un parti.

Cet homme écrivait au prince Louis-Napoléon, en octobre 1832, de Genève, la lettre suivante, dont la surprise va faire faire un bond à quelques personnes qui n'ont pas songé à la lire dans les *Mémoires d'outre-tombe* (1).

« Le prince Louis-Napoléon m'ayant donné sa brochure inti-
« tulée : *Rêveries politiques*, je lui ai écrit cette lettre :

« PRINCE ,

« J'ai lu avec attention la petite brochure que vous avez bien
« voulu me confier. J'ai mis par écrit, comme vous l'avez dé-
« siré, quelques réflexions naturellement nées des vôtres, et que
« j'avais déjà soumises à votre jugement. Vous savez, Prince, que
« mon jeune roi est en Écosse ; que, tant qu'il vivra, il ne peut y
« avoir pour moi d'autre roi de France que lui ; mais si Dieu, dans
« ses impénétrables conseils, avait rejeté la race de saint Louis, si
« les mœurs de notre patrie ne lui rendaient pas l'état républicain
« possible, il n'y a pas de nom qui aille mieux à la gloire de la
« France que le vôtre.

« Je suis, etc., etc.

« CHATEAUBRIAND. »

Oui, Chateaubriand, que les rancunes académiques jetèrent, en 1814, à la tête de l'oncle, et qu'en 1865 on ne serait peut-être pas fâché de jeter à la tête du neveu.

(1) Édit. de Bruxelles, A. Deros et C⁽ⁱᵉ⁾, 1852, t. II, p. 377.

Car la dramatique et même comique histoire de l'élection de l'auteur du *Génie du Christianisme*, de son *Discours* raturé par l'Empereur, et qui ne fut jamais prononcé, est le cheval de bataille favori de ceux qui prétendent qu'un empereur, si libéral qu'il soit, est toujours un tyran pour l'Académie, et que ce gênant voisinage d'un confrère couronné la mettrait dans la perpétuelle alternative de flatter ou de déplaire, d'être servile ou rebelle.

Et d'abord, qui vous dit que l'Empereur irait souvent à l'Académie ? Car, enfin, si le titre d'académicien donne le droit d'assister à ses séances, il donne aussi celui de s'en abstenir. Et la Fontaine n'y allait guère et perdait volontiers son jeton à flâner. De nos jours, plus d'un immortel profite de cette occasion de ressembler à la Fontaine, au moins par ce côté.

Et puis, qui vous dit que Napoléon, membre de l'Institut, ne se ferait pas un sincère et piquant plaisir de laisser l'Empereur à la porte, et de jouir, lui aussi, de ce droit de tout dire et de laisser tout dire, qui rendait ses soupers si agréables à Frédéric ?

Donc fausse alerte. Mais vidons un peu la question Chateaubriand, et détruisons, par la vérité des faits, l'autorité usurpée de cet exemple traditionnellement invoqué par l'Académie pour justifier ses pudeurs égalitaires et ses scrupules libéraux. Est-ce que tout d'abord cette association de mots ne vous fait pas sourire ? L'égalité dans le sanctuaire des distinctions et des supériorités de l'esprit ; la liberté dans un corps essentiellement aristocratique et privilégié, comme tous les corps qui ne se renouvellent que par leur propre élection ! Souriez donc et écoutez le récit, sans roman et sans phrases, de l'épisode Chateaubriand, qui n'a rien de tragique que les terreurs qui en abusent, et qui ne réussissent ainsi, comme je vous l'ai dit, qu'à le rendre comique.

VI

Nous ne ferons pas la mauvaise plaisanterie, puisque nous parlons de l'Académie sous l'Empire, de citer les passages de ses *Discours de réception* qui établissent trop clairement que ce goût et cet art de l'adulation, qui avaient été comme sa tradition depuis Louis XIV, sous des souverains qui voulaient partout être reçus avec l'encens, ne lui furent pas complétement étrangers sous le règne de Napoléon, qui avait assez de gloire pour se passer d'éloges.

Passons donc sous silence cette première harangue de réception, celle de Parny (27 décembre 1803) et là réplique complaisante que lui donna Garat. Il ne manque rien aux flatteries accumulées dans ces deux cantates oratoires, pas même la maladresse.

Jetons aussi une pluie de feuilles de vigne sur les harangues de réception de Lacretelle aîné (15) nivôse an XIII, de François de Neuchâteau (11 floréal an XIII), de Bernardin de Saint-Pierre, qui, répondant à la fois à Laujon, à Renouard et à Picard (le 24 novembre 1807), se crut obligé, pour garder son rang, d'élever ses harmonieuses fadeurs jusqu'au lyrisme. Mais la palme du genre demeure à l'abbé Maury, qui couronna, par une scandaleuse bassesse, cette longue et ridicule querelle de six mois (23 octobre 1806 — 6 mai 1807) engagée sur une de ces difficultés d'étiquette que l'Académie n'a jamais assez dédaignées.

Le cardinal Maury voulait être traité de *Monseigneur* et d'*Éminence*. De là, conflit entre les uns, rappelant le précédent favorable de la réception du cardinal Dubois, et les autres, arguant de l'exemple du comte de Clermont se contentant du titre de « confrère. »

A cela on peut répondre que l'Académie s'était montrée plus indépendante en appelant Monseigneur un cardinal qui n'avait d'autres titres à ses faveurs que la pourpre et le pouvoir, qu'en traitant de confrère ce prince bâtard qui n'avait jamais fait d'autres ouvrages que les enfants que lui donnaient mademoiselle Camargo ou mademoiselle Leduc.

Enfin, en ce qui concerne un membre couronné, l'exception de son mérite littéraire, qui justifie celle de son élection, permet aussi, pensons-nous, l'exception du maintien de son titre. Pour nous, nous pensons que le titre de Sire, fût-il une dérogation aux traditions confraternelles de l'illustre assemblée (ce *confraternel* me fait toujours rire), n'est pas payer trop cher l'honneur que fait à toute la gent livrière, paperassière et besacière, un souverain qui daigne avoir du talent.

Mais arrivons bien vite à l'affaire Chateaubriand, à travers les discours, hérissés d'hyperboles parasites, de Chénier présentant à l'Empereur, en son Conseil d'État, le *Tableau de la Littérature française depuis* 1789 (27 février 1808), et de Garat portant la parole, comme président de l'Institut, à une audience de l'Empereur, le 5 février 1809. Ces discours prouvent assez que l'Académie ne gardait pas rancune à l'Empereur de la décision de Jupiter ennuyé par laquelle il avait fait finir la querelle interminable du « Monseigneur, » qui, par une de ces ironies familières à l'Académie, fut donné au cardinal Maury par un simple abbé, l'abbé Sicard.

Les historiens les plus favorables à l'Académie, même ceux qu'elle a, croyons-nous, couronnés, conviennent de ces alternatives assez contradictoires d'intolérance et d'adulation.

« L'Académie, disent-ils, a eu ses faiblesses, et il y aurait trop de complaisance à prétendre

« Que jamais l'air des cours, ni son souffle empesté,
« N'altéra de son cœur l'austère pureté. »

Ils conviennent également que l'Académie, sous le règne de l'académicien empereur, jouit, dans la direction de ses affaires particulières, domestiques en quelque sorte, et dans ses choix d'une liberté dont l'élection de Lemercier et de Chateaubriand, hostiles au gouvernement, furent les gages incontestables, de même que la sage modestie du ministre Champagny, qui refusa de se mettre sur les rangs pour succéder à Colin d'Harleville. Cette élection de Lemercier, dont l'opposition puérile allait jusqu'à se faire un cas de conscience de paraître aux Tuileries et de s'y laisser présenter à l'Empereur, était certainement un acte de tolérance et de victoire sur lui-même de la part du pouvoir, qui écouta, sans protestation, un discours de réception habilement désagréable (5 septembre 1810). En 1811, Chateaubriand fut élu à la place de Chénier, et il le fut surtout sur le regret fort désintéressé, exprimé par l'Empereur, qu'un tel homme ne fût pas de l'Académie. Son discours de réception, lu le 19 avril devant la commission d'usage de l'Académie, la scandalisa avant de mécontenter l'Empereur. Un discours qui, au lieu de faire l'éloge du prédécesseur, gourmandait rudement sa mémoire, *qui évoquait les mânes des dynasties outragées* dans un corps où siégeaient Merlin et Cambacérès, qui faisait de la liberté une apologie insultante pour le régime présent, était une offense à la dignité de l'Académie elle-même avant d'être une attaque contre le gouvernement; et la majorité de l'Académie, qui s'opposa à la lecture publique, en jugea ainsi. Il suffit de le relire dans son intégrité, dans les *Mémoires d'outre-tombe*, pour convenir que, dans une assemblée littéraire et pacifique, les plus simples convenances interdisaient la lecture solennelle d'un appel public aux passions encore ardentes. Sauf quelques emportements excusables dans le premier moment de la surprise et de la colère, et qui ne dépassèrent pas le demi-secret de la conversation intime, l'Empereur se borna à demander des corrections, et il n'en punit le refus qu'en condamnant au silence le téméraire orateur. Il ne sortit donc pas des limites de cette défensive légitime dont aucun gouvernement ne saurait impunément s'interdire la ressource. Et il ne garda pas même rancune de cette algarade au récalcitrant, dont il fait à Sainte-Hélène un éloge d'autant plus méritoire qu'il est désintéressé (1).

Bien plus, en 1812, l'Empereur avait si bien perdu le ressentiment de cette bravade, sinon son souvenir, qu'il fit demander à l'Académie pourquoi elle n'avait pas désigné le *Génie du Christianisme* pour un des prix décennaux (2). Si cette modération n'est pas de la magnanimité, elle y ressemble beaucoup.

Pour l'Institut, n'est-ce pas sous l'Empire que ses prérogatives se sont augmentées du droit de choisir et de désigner les candidats aux prix décennaux fondés par le décret du 24 fructidor an XII (10 septembre 1804)?

L'Empereur avait songé aussi à élever le chiffre de l'indemnité de 1,500 francs, allouée à chaque membre de l'Institut par l'article 11 de l'arrêté du 3 pluviôse et la loi du 29 messidor an IV.

(1) *Mémoires pour servir à l'Histoire de France sous Napoléon*, par M. de Montholon, t. IV, p. 243.

(2) L'Académie s'était bien gardée de demander une couronne pour un disgracié. L'Empereur exprima devant Fontanes l'intention de donner lui-même un prix à Chateaubriand pour le dédommager de ce qui paraissait un déni de justice, et de le nommer surintendant de toutes les Bibliothèques de France. Mais cette dédaigneuse clémence ne faisait pas l'affaire du Breton, qui voulait être persécuté, et reçut seulement l'ordre de quitter Paris.

S'il contint l'élan de sa munificence, c'est par un juste respect de ces délicatesses et de ces susceptibilités qui constituent la véritable indépendance, et par un hommage à cette pauvreté fière qui est la dignité du véritable homme de lettres.

VII

Mais il est temps d'arriver à la conclusion et de formuler, sans crainte de passer pour « un homme de lettres faisant des commissions pour l'autorité, » notre opinion que l'élection spontanée de Napoléon III pour l'un des fauteuils actuellement vacants, ferait honneur à l'Académie, qui se montrerait ainsi digne appréciatrice de titres littéraires incontestables, sans nuire à ses intérêts ni à sa dignité. Et une démarche de ce genre serait applaudie en France par quiconque sait placer l'honneur des idées au-dessus de la satisfaction des passions.

— Oui, disent les rares et opiniâtres adversaires de tout projet qui s'inspire d'une générosité plus française qu'académique ; oui, l'unique obstacle à une semblable manifestation, c'est la qualité souveraine. Nommer Louis-Napoléon Bonaparte est un devoir. Nommer l'Empereur Napoléon III est impossible.

L'objection est plus originale que décisive. Voilà donc un homme qui peut tout, même supprimer l'Académie (et nous ne croyons pas qu'un semblable désastre fît sortir de dessous les derniers pavés trois sœurs aux *immortelles Journées* de Juillet), et qui ne peut pas en être, parce qu'il s'appelle Bonaparte au lieu de se nommer Patin ou

Empis, et parce qu'au lieu d'être professeur ou vaudevilliste, il a le malheur d'être Empereur des Français !

Nous comprendrions d'ailleurs l'objection si Napoléon III n'était qu'Empereur. Mais il est auteur. Il a un talent d'écrivain que ne donnent ni la grâce de Dieu ni la volonté nationale. C'est l'homme de lettres en lui et non le Souverain que l'Académie va chercher. C'est un homme de lettres un peu plus connu, un peu moins besoigneux, un peu mieux logé que les autres, voilà tout. Véritable homme de lettres, traitant avec Plon, et choisissant avec une perspicacité toute littéraire un éditeur qui a le courage d'imprimer de beaux livres et l'art de les vendre. Véritable homme de lettres, vous dis-je, à qui les deux cent mille exemplaires vendus de son livre feront plus de plaisir que la victoire de Solferino. Car la vente de deux cent mille exemplaires ne coûte la vie à personne. Véritable homme de lettres, vous dis-je, qui a bien gardé peut-être assez de cet amour-propre, sans lequel on tient mal une plume, pour se féliciter et s'enorgueillir de pouvoir signer bientôt :

« **NAPOLÉON**, par le libre suffrage de ses confrères, membre de l'Institut, par la grâce de Dieu et la volonté nationale, Empereur des Français. »

Mais, pour Dieu ! qu'on se presse, qu'on ne laisse pas s'envoler cette heure unique de l'occasion qui ne revient jamais ! Qu'on prenne l'auteur couronné en pleine satisfaction, en pleine jouissance, en flagrant délit d'un succès qui sera, avec la *Vie de Jésus*, d'Ernest Renan, la plus belle affaire de librairie de son règne. Car l'Académie, malgré le prix qu'elle attache à ses faveurs, ne saurait se dissimuler que ses grâces sont un peu fanées et qu'elle est belle surtout de la beauté qu'on lui prête. Elle ne peut cependant pas exiger que Napoléon, pour lui complaire, donne sa démission, comme un simple sous-lieutenant qui, en temps de paix, renonce à l'épaulette pour faire un bon mariage. L'honneur de présider aux lentes destinées du *Dictionnaire de la langue française* peut avoir ses charmes, mais cependant nous comprenons qu'on lui préfère le soin de présider à celles de la France. M. Viennet, qui n'a pas même voulu renoncer à son titre de chef de la franc-maçonnerie écossaise, titre à coup sûr purement honorifique, comprendra cette réserve.

Il serait digne de l'esprit et du bon sens de ce toujours jeune et toujours aimable vieillard, qui verra bien, nous l'espérons, la fin de son siècle, de faire entendre raison aux derniers récalcitrants par quelqu'une de ces *Épîtres* ou de ces *Fables* célèbres, où il excelle à envelopper d'une forme piquante une honnête moralité. A ceux qui disent, en hochant la tête :

— Fâcheux précédent. Tout Empereur désormais voudra être de l'Académie.

Il répondrait avec son fin sourire :

— Nous décréterons à notre tour que tout Empereur doit être un bon écrivain.

— Et de quelle peine menacerez-vous le souverain qui, sans talent, voudrait entrer à l'Académie ?

— Du ridicule.

A ceux qui disent, en se rengorgeant dans leur cravate :

— L'Académie est une république. Y mettre un Empereur, c'est changer la forme de son gouvernement. C'est modifier sa constitution. C'est faire une révolution.

A ceux-là il dirait :

— Hé quoi ! les révolutions académiques vous trouveront-elles moins philosophes que les politiques ? Mais rassurez-vous. Il n'y aurait pas la moindre révolution, pas le moindre changement à une constitution qui peut sans inconvénient supporter l'immobilité. Il n'y aurait à l'Académie qu'un académicien de plus. Le ministère même ne serait pas changé.

— Hé quoi! pensez-vous que M. Villemain resterait, qu'il recevrait, complimenterait le nouvel élu?

— Parfaitement. M. Villemain a trop d'esprit pour être jamais embarrassé, et l'Empereur Napoléon est plus facile à louer que l'empereur Alexandre.

Enfin à ceux qui se frappent sur le ventre et disent : « Nous avons le temps. On verra; » notre interprète raconterait l'apologue de la coquette qui, à force de se montrer difficile à l'endroit des prétendants, finit par ne plus trouver à se marier. Il citerait le proverbe : *Tarde venientibus ossa.* Il rappellerait que ce mot fatal : Trop tard! qui a été dit à la royauté, pourrait bien être dit à l'Académie; qu'il n'est jamais assez tôt pour faire preuve de la plus belle de toutes les indépendances, celle de la justice; que ce que l'Empereur des Français accepterait peut-être aujourd'hui comme un hommage spontané, il peut le refuser demain comme un hommage tardif; enfin, que le nom de Napoléon III manque plus à la gloire de l'Académie que le titre d'académicien ne manque à sa gloire.

Paris. — Imp. Poupart-Davyl et Comp., 30, rue du Bac.